Impressum
Verlag: BABADADA GmbH, Nedderfeld 112 , 22529 Hamburg
Geschäftsführer / Verlagsleitung: Harald Hof
Druck: Books on Demand GmbH, In de Tarpen 42, 22848 Norderstedt

Imprint
Publisher: BABADADA GmbH, Nedderfeld 112 , 22529 Hamburg, Germany
Managing Director / Publishing direction: Harald Hof
Print: Books on Demand GmbH, In de Tarpen 42, 22848 Norderstedt, Germany

школа
okul

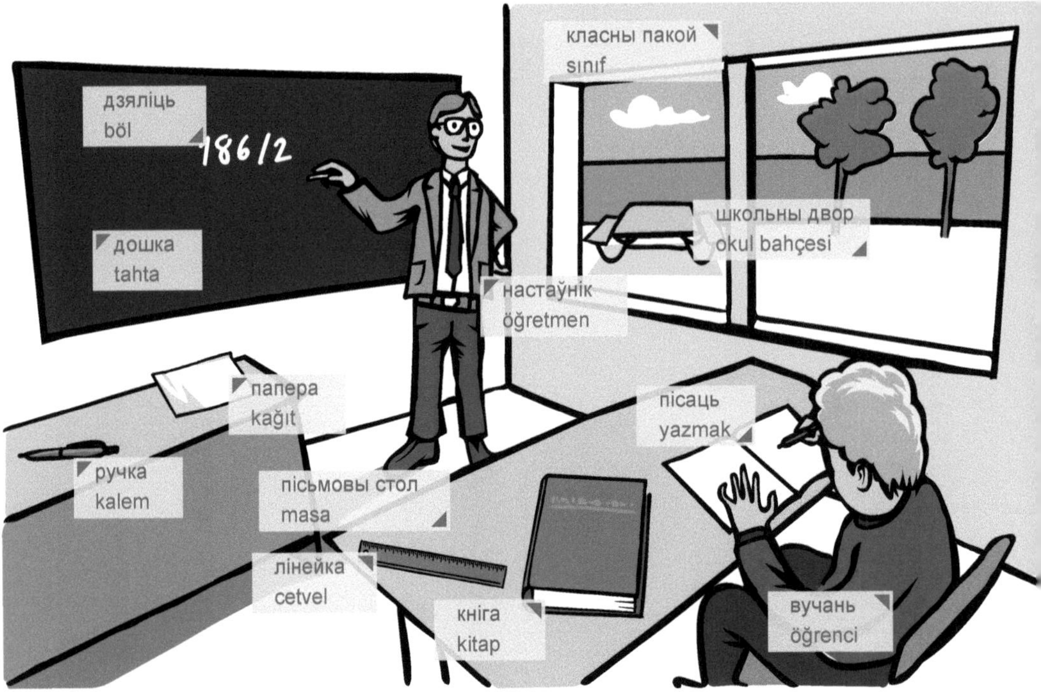
класны пакой
sınıf
дзяліць
böl
186/2
школьны двор
okul bahçesi
дошка
tahta
настаўнік
öğretmen
папера
kağıt
пісаць
yazmak
ручка
kalem
пісьмовы стол
masa
лінейка
cetvel
кніга
kitap
вучань
öğrenci

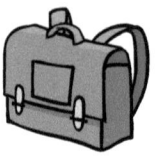

ранец
okul çantası

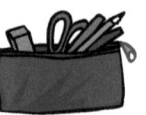

пенал
kalemlik

просты аловак
kurşun kalem

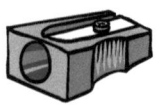

тачылка для алоўкаў
kalem açacağı

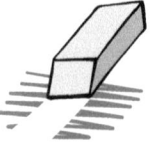

гумка
silgi

альбом для малявання
çizim defteri

малюнак

çizim

пэндзлік

resim fırçası

фарбы

boya kutusu

нажніцы

makas

клей

tutkal

сшытак

alıştırma kitabı

хатняе заданне

ödev

лік

sayı

дадаваць

ekle

адымаць

çıkar

множыць

çarp

лічыць

hesapla

літара

harf

алфавіт

alfabe

словы

kelime

тэкст
metin

чытаць
okumak

крэйда
tebeşir

ўрок
ders

класны журнал
kayıt

экзамен
sınav

атэстат
sertifika

школьная форма
okul forması

адукацыя
eğitim

энцыклапедыя
ansiklopedi

універсітэт
üniversite

мікраскоп
mikroskop

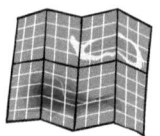

карта
harita

смеццевы кошык
kağıt çöp kutusu

падарожжа
seyahat

гатэль
otel
Grand
хостэл
pansiyon
ROOMS
абменны пункт
döviz bürosu
чамадан
bavul
аўтамабіль
otomobil

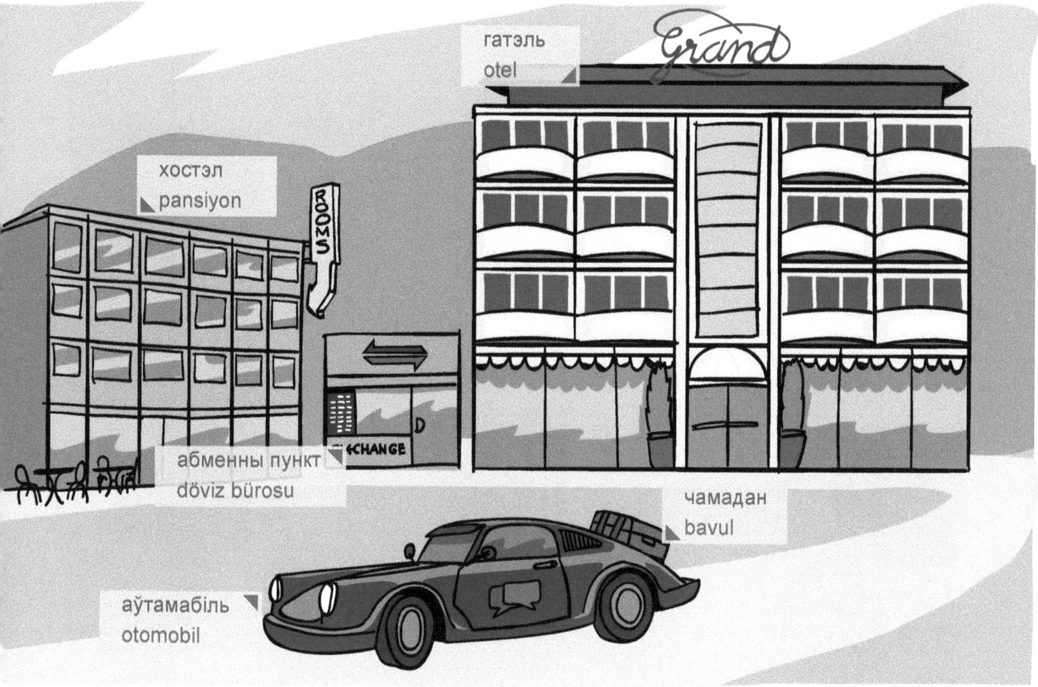

мова

dil

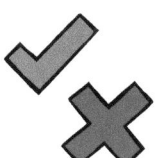

так / не

evet / hayır

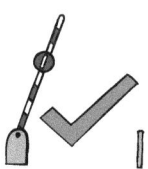

добра

Tamam

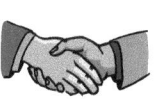

прывітанне!

merhaba

перакладчык

çevirmen

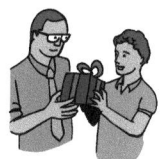

дзякуй

Teşekkür ederim

Колькі каштуе....?

bu ... ne kadar?

я не разумею

anlamadım

праблема

problem

Добры вечар!

İyi akşamlar!

Добрай раніцы!

Günaydın!

Дабранач!

İyi geceler!

да пабачэння

güle güle

кірунак

yön

багаж

bagaj

сумка

çanta

заплечнік

sırt çantası

госць

misafir

пакой

oda

спальны мяшок

uyku tulumu

палатка

çadır

інфармацыя для турыстаў

turist danışma

пляж

sahil

крэдытная картка

kredi kartı

снеданне

kahvaltı

абед

öğle yemeği

вячэра

akşam yemeği

праязны білет

Bilet

ліфт

asansör

паштовая марка

pul

мяжа

sınır

мытня

gümrük

пасольства

elçilik

віза

vize

пашпарт

pasaport

транспарт

ulaşım

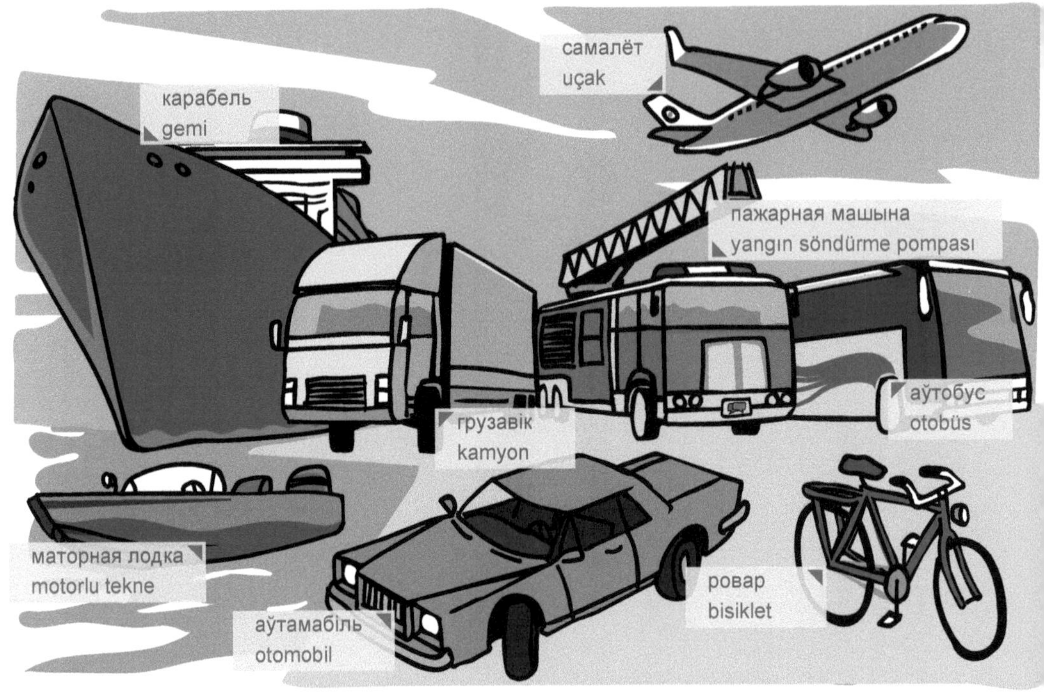
самалёт
uçak
карабель
gemi
пажарная машына
yangın söndürme pompası
аўтобус
otobüs
грузавік
kamyon
маторная лодка
motorlu tekne
ровар
bisiklet
аўтамабіль
otomobil

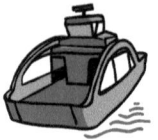

паром

feribot

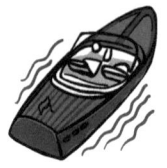

лодка

bot

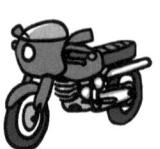

матацыкл

motosiklet

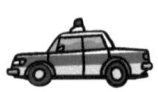

паліцэйская машына

polis arabası

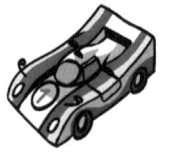

гоначны аўтамабіль

yarış arabası

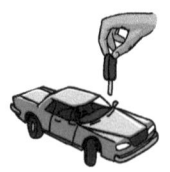

арэндаваны аўтамабіль

kiralık araba

сумеснае карыстанне
аўтамабілем

ortak araba

эвакуатар

çekici

смеццявоз

çöp kamyonu

матор

motor

паліва

yakıt

запраўка

benzinlik

дарожны знак

trafik işareti

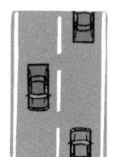

дарожны рух

trafik

затор

trafik sıkışıklığı

паркоўка

otopark

чыгуначная станцыя

tren istasyonu

рэйкі

ray

цягнік

tren

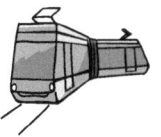

трамвай

tramvay

вагон

vagon

верталёт

helikopter

аэрапорт

havaalanı

вежа

kule

пасажыр

yolcu

кантэйнер

konteyner

кардонная скрыня

koli

тачка

yük arabası

карзіна

sepet

ўзлятаць / прызямляцца

kalkış / iniş

горад

şehir

вёска

köy

цэнтр горада

şehir merkezi

дом

ev

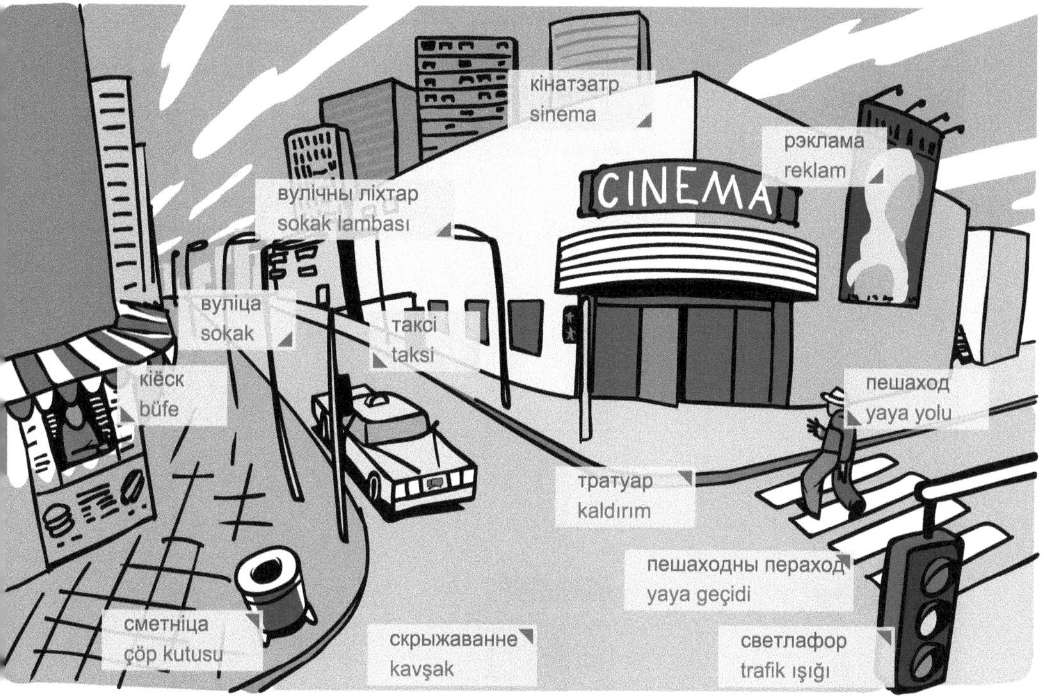

кінатэатр
sinema

рэклама
reklam

вулічны ліхтар
sokak lambası

вуліца
sokak

таксі
taksi

кіёск
büfe

пешаход
yaya yolu

тратуар
kaldırım

пешаходны пераход
yaya geçidi

сметніца
çöp kutusu

скрыжаванне
kavşak

светлафор
trafik ışığı

халупа
kulübe

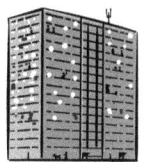

кватэра
apartman dairesi

чыгуначная станцыя
tren istasyonu

ратуша
belediye binası

музей
müze

школа
okul

універсітэт
üniverside

банк
banka

шпіталь
hastane

гатэль
otel

аптэка
eczane

офіс
ofis

кнігарня
kitapçı

крама
mağaza

кветкавая крама
çiçekçi

супермаркет
süpermarket

кірмаш
market

універмаг
büyük mağaza

рыбная крама
balık satıcısı

гандлевы цэнтр
alışveriş merkezi

порт
liman

парк

park

лава

bank

мост

köprü

лесвіца

merdiven

метро

metro

тунэль

tünel

прыпынак

otobüs durağı

бар

bar

рэстаран

restoran

паштовая скрыня

posta kutusu

вулічны паказальнік

sokak tabelası

паркамат

otopark sayacı

заапарк

hayvanat bahçesi

басейн

yüzme havuzu

мячэць

cami

сядзіба
çiftlik

забруджванне
навакольнага асяроддзя
kirlilik

могілкі
mezarlık

царква
kilise

пляцоўка для гульні
oyun alanı

храм
tapınak

краявід
arazi

ліст
yaprak

паказальнік
yön tabelası

дарога
yol

луг
çayır

камень
taş

дрэва
ağaç

падарожнік
yürüyüşçü

рака
ırmak

трава
çimen

кветка
çiçek

даліна

vadi

гара

tepe

возера

göl

лес

orman

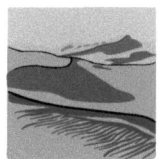

пустыня

çöl

вулкан

volkan

замак

kale

вясёлка

gökkuşağı

грыб

mantar

пальма

palmiye

камар

sivrisinek

муха

sinek

мурашка

karınca

пчала

arı

павук

örümcek

жук

böcek

жаба

kurbağa

вавёрка

sincap

вожык

kirpi

заяц

yabani tavşan

сава

baykuş

птушка

kuş

лебедзь

kuğu

дзік

yaban domuzu

алень

geyik

лось

geyik

плаціна

baraj

вятрак

rüzgar türbini

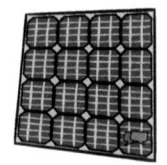

сонечная батарэя

güneş paneli

клімат

iklim

рэстаран
restoran

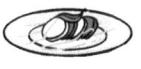

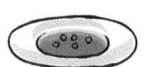

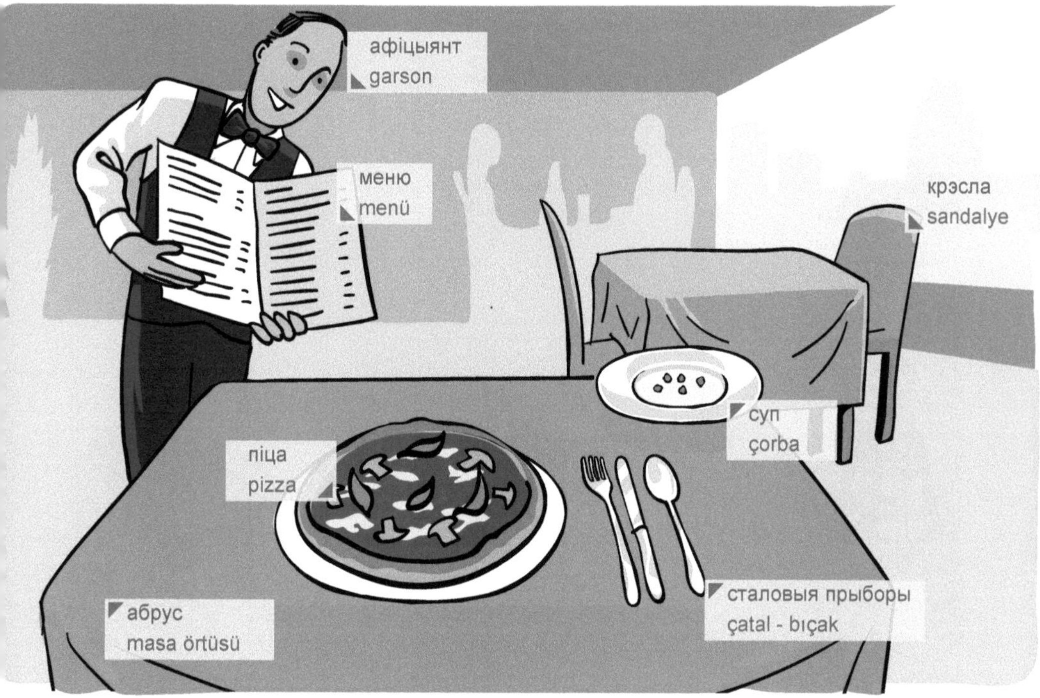

афіцыянт
garson
меню
menü
крэсла
sandalye
суп
çorba
піца
pizza
сталовыя прыборы
çatal - bıçak
абрус
masa örtüsü

закуска
başlangıç

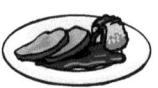

другая страва
ana yemek

дэсерт
tatlı

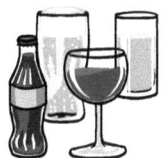

напоі
içecekler

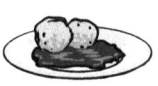

ежа
yemek

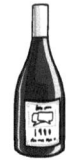

бутэлька
şişe

хуткае харчаванне (фаст-фуд)

fastfood

стрыт-фуд

sokak yemeği

імбрык (чайнік)

çaydanlık

цукарніца

şekerlik

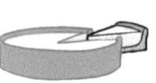

порцыя

porsiyon

эспрэса-машына

espresso makinesi

дзіцячае крэселка

mama sandalyesi

рахунак

fatura

паднос

tepsi

нож

bıçak

відэлец

çatal

лыжка

kaşık

чайная лыжка

çay kaşığı

сурвэтка

servis peçetesi

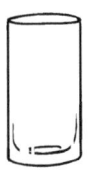

шклянка

bardak

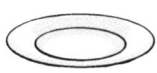

талерка

tabak

супавая талерка

çorba kasesi

сподак

fincan altlığı

соус

sos

сальніца

tuzluk

млынок для перцу

karabiber değirmeni

воцат

sirke

алей

yağ

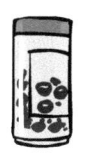

спецыі

baharat

кетчуп

ketçap

гарчыца

hardal

маянэз

mayonez

супермаркет
süpermarket

акцыя
özel teklif
FOR
пакупнік
müşteri
малочныя прадукты
süt ürünleri
садавіна
meyve
вазок
alışveriş arabası

BUTCHERS

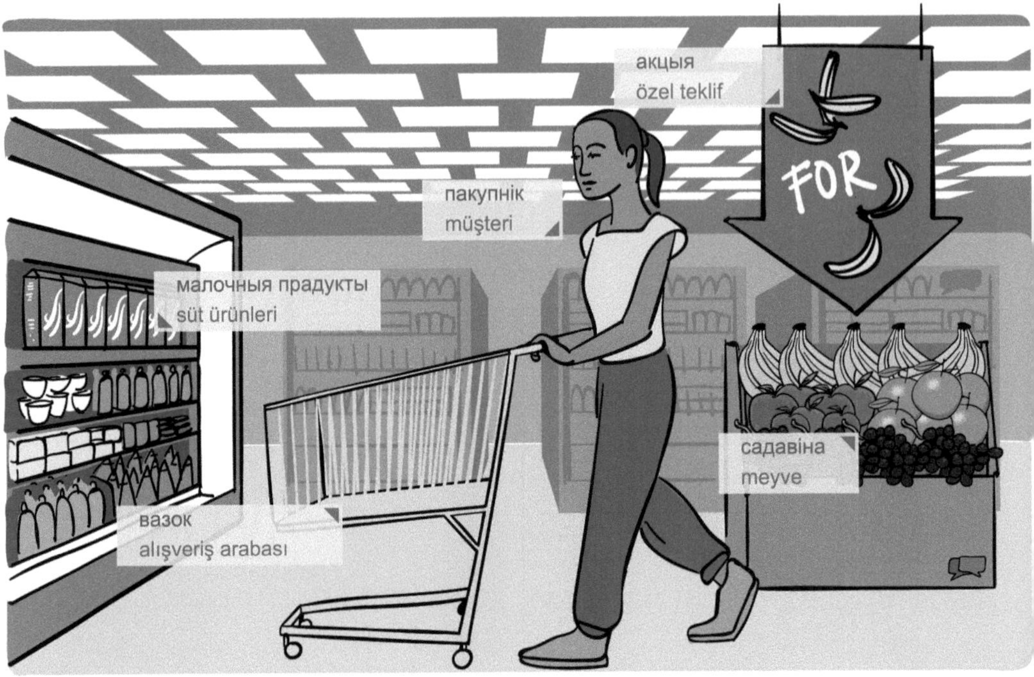

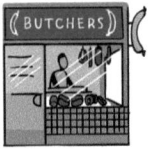

мясная крама

kasap

BAKERY

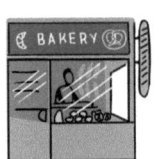

хлебны магазін

fırın

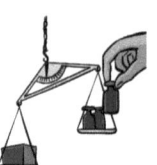

важыць

tartmak

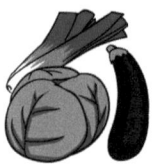

гароднiна

sebze

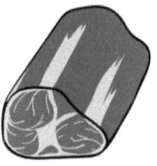

мяса

et

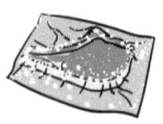

свежазамарожаныя прадукты

donmuş gıda

нарэзка

söğüş et

кансервы

konserve yiyecek

пральны парашок

toz deterjan

прысмакі

şekerlemeler

хатнія прылады

ev temizlik ürünleri

чысцячы сродак

temizlik ürünleri

прадавец

satış görevlisi

каса

yazar kasa

касір

kasiyer

спіс пакупак

alışveriş listesi

гадзіны працы

açılış saatleri

бумажнік

cüzdan

крэдытная картка

kredi kartı

сумка

çanta

пакет

plastik poşet

вада

su

сок

meyve suyu

малако

süt

кола

kola

віно

şarap

піва

bira

алкаголь

alkol

какава

kakao

гарбата (чай)

çay

кава

kahve

эспрэса

espresso

капучына

kapuçino

банан

muz

яблык

elma

апельсін

portakal

дыня

kavun

лімон

limon

морква

havuç

часнок

sarımsak

бамбук

bambu

цыбуля

soğan

грыб

mantar

арэхі

çerez

локшына

makarna

спагеці

spagetti

рыс

pirinç

салата

salata

бульба фры

cips

смажаная бульба

patates kızartması

піца

pizza

гамбургер

hamburger

бутэрброд

sandviç

шніцаль

şinitzel

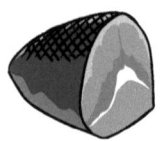

вяндліна

pastırma

салямі

salam

каўбаса

sosis

курыца

tavuk

смажаніна

rosto

рыбак

balık

аўсяныя камякі

yulaf ezmesi

мюслі

müsli

кукурузныя шматкі

mısır gevreği

мука

un

круасан

kruvasan

булачка

küçük ekmek

хлеб

ekmek

тост

tost

пячэнне

bisküvi

масла

tereyağı

тварог

kaymak

пірог

kek

яйка

yumurta

яечня

sahanda yumurta

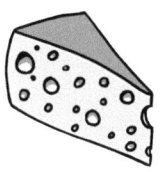

сыр

peynir

марожанае

dondurma

цукар

şeker

мёд

bal

варэнне

reçel

нуга

fındık ezmesi

кары

köri

сядзіба
çiftlik

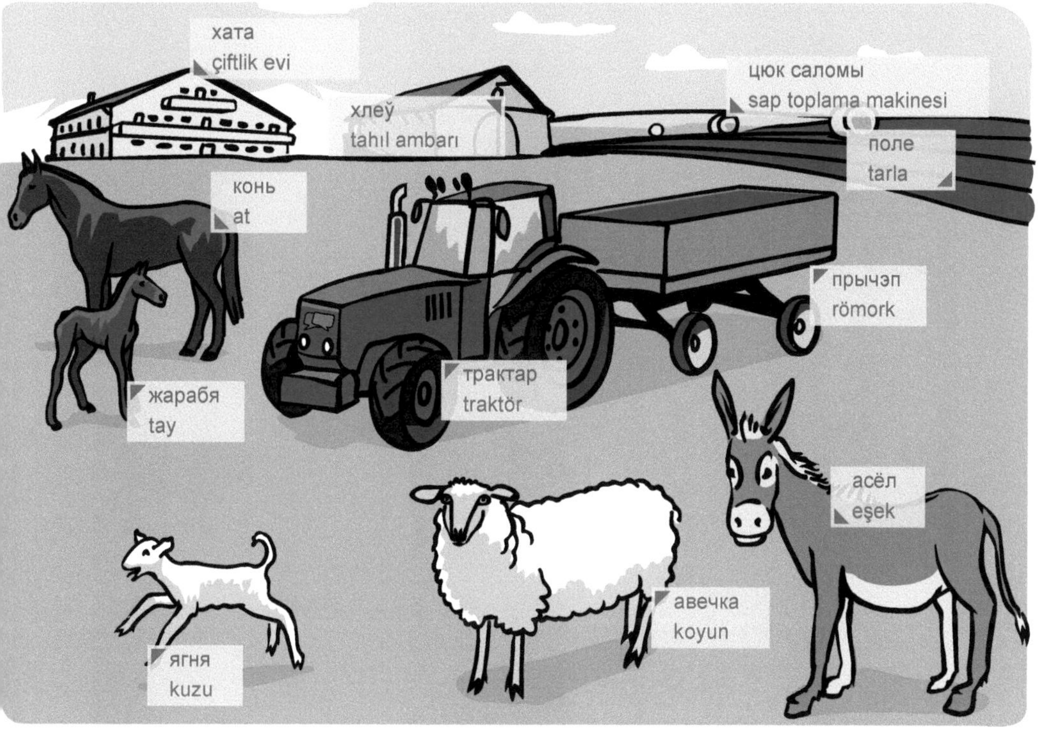
хата
çiftlik evi
хлеў
tahıl ambarı
цюк саломы
sap toplama makinesi
поле
tarla
конь
at
прычэп
römork
трактар
traktör
жарабя
tay
асёл
eşek
авечка
koyun
ягня
kuzu

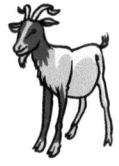

каза

keçi

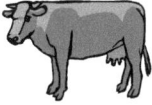

карова

inek

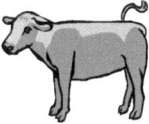

цяля

buzağı

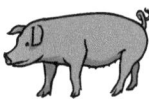

свіння

domuz

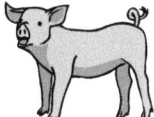

парася

domuz yavrusu

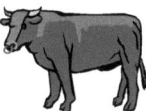

бык

boğa

гусак

kaz

качка

ördek

кураня

civciv

курыца

tavuk

певень

horoz

пацук

sıçan

кот

kedi

мыш

fare

вол

öküz

сабака

köpek

сабачая будка

köpek kulübesi

садовы шланг

bahçe hortumu

палівачка

sulama kabı

каса

tırpan

плуг

pulluk

серп

orak

матыка

çapa

вілы для гною

dirgen

сякера

balta

тачка

el arabası

карыта

yemlik

бітон для малака

süt kovası

мех

çuval

плот

çit

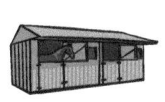

хлеў

ahır

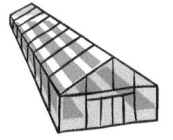

цяпліца

sera

глеба

toprak

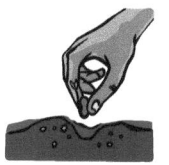

насенне

tohum

угнаенне

gübre

камбайн

biçerdöver

збіраць ураджай

hasat etmek

ураджай

harman

ямс

tatlı patates

пшаніца

buğday

соя

soya

бульба

patates

кукуруза

mısır

рапс

kolza

садовае дрэва

meyve ağacı

маніёк

manyok

збожжа

hububat

комін
baca

дах
çatı

вадасцёк
yağmur oluğu

акно
pencere

гараж
garaj

званок
kapı zili

дзверы
kapı

вядро для смецця
çöp kutusu

паштовая скрыня
posta kutusu

сад
bahçe

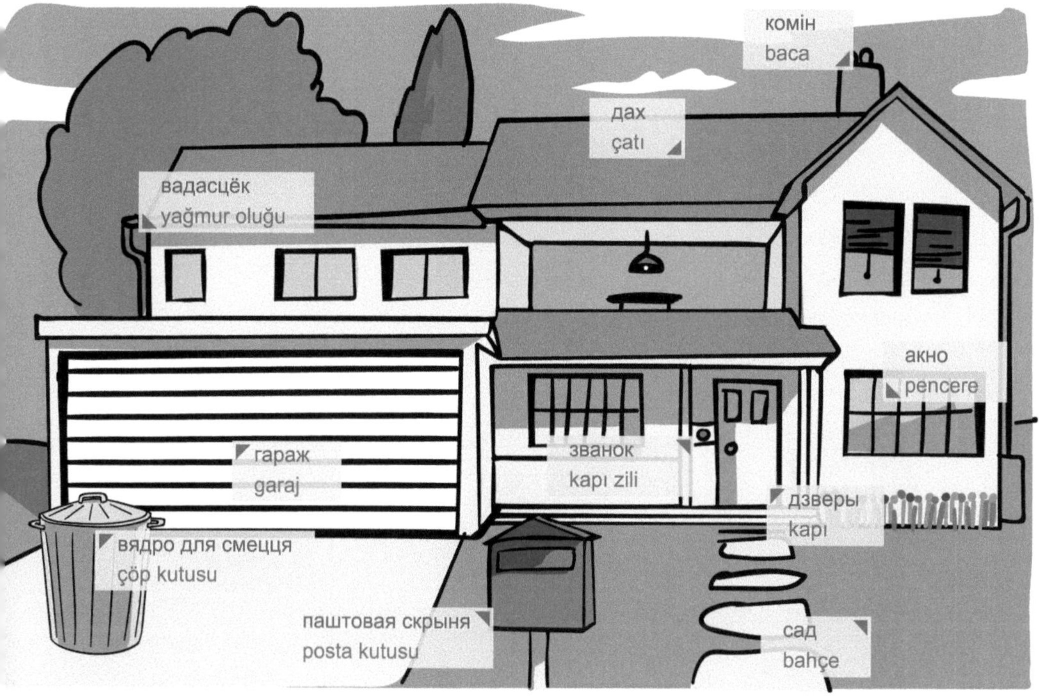

жылы пакой
oturma odası

ванная
banyo

кухня
mutfak

спальны пакой
yatak odası

дзіцячы пакой
çocuk odası

сталоўка
yemek odası

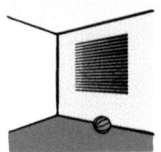

падлога
zemin

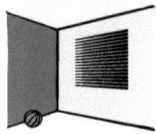

сцяна
duvar

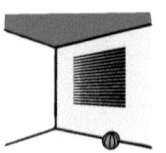

столь
tavan

падвал
kiler

саўна
sauna

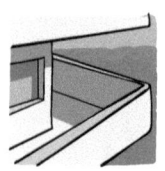

балкон
balkon

тэраса
teras

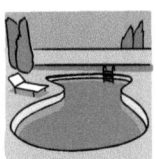

басейн
havuz

касілка
çim biçme makinesi

падкоўдранік
çarşaf

коўдра
yatak örtüsü

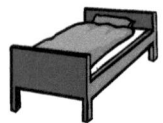

ложак
yatak

венік
süpürge

вядро
kova

выключальнік
anahtar

жылы пакой
oturma odası

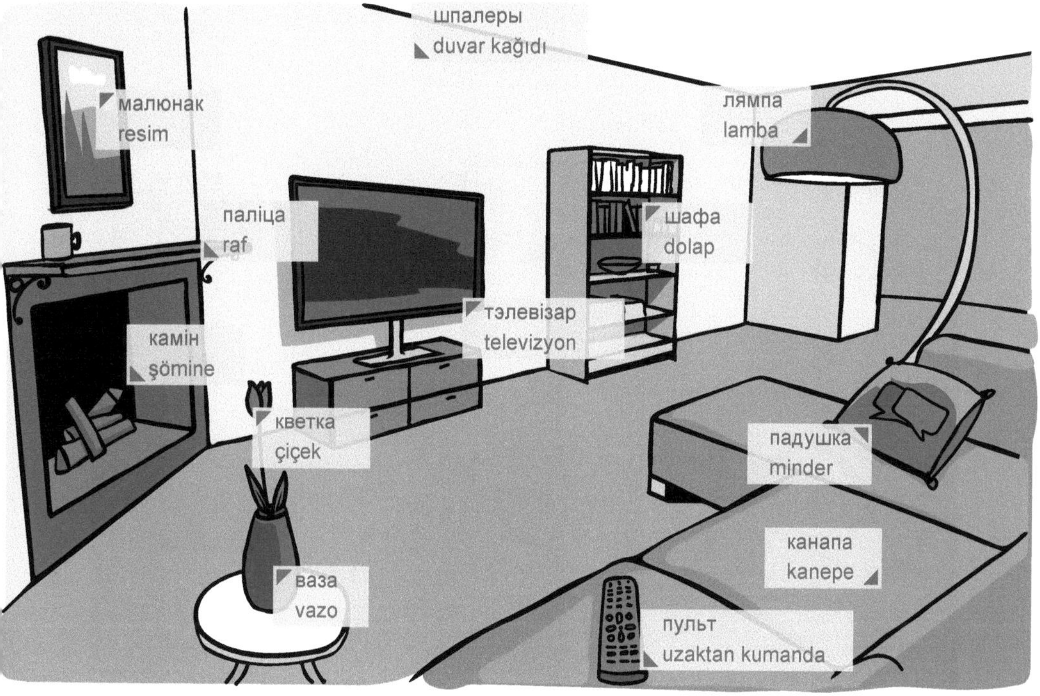
шпалеры
duvar kağıdı
малюнак
resim
лямпа
lamba
паліца
raf
шафа
dolap
тэлевізар
televizyon
камін
şömine
кветка
çiçek
падушка
minder
канапа
kanepe
ваза
vazo
пульт
uzaktan kumanda

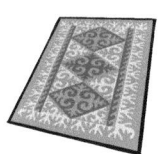

дыван
halı

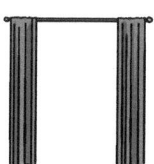

фіранка
perde

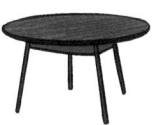

стол
masa

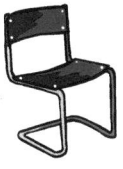

крэсла
sandalye

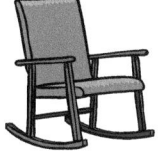

крэсла-качалка
salıncaklı koltuk

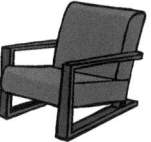

крэсла
koltuk

кніга

kitap

коўдра

battaniye

дэкарацыя

dekor

дровы

odun

кіно

film

стэрэасістэма

hi-fi

ключ

anahtar

газета

gazete

карціна

tablo

постар

poster

радыё

radyo

нататнік

defter

пыласос

elektrikli süpürge

кактус

kaktüs

свечка

mum

кухня
mutfak

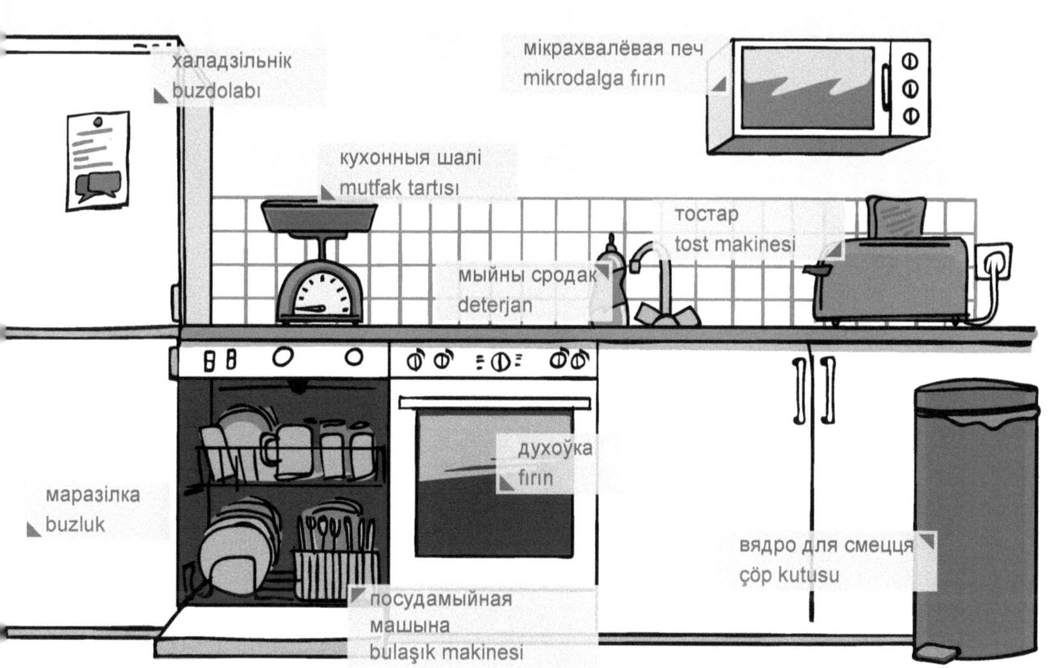
халадзільнік
buzdolabı
мікрахвалёвая печ
mikrodalga fırın
кухонныя шалі
mutfak tartısı
тостар
tost makinesi
мыйны сродак
deterjan
духоўка
fırın
маразілка
buzluk
вядро для смецця
çöp kutusu
посудамыйная машына
bulaşık makinesi

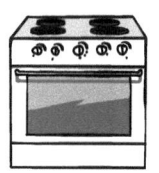

пліта
....
ocak

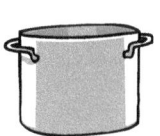

рондаль
....
tencere

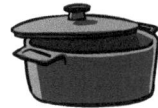

чыгунок
....
döküm tencere

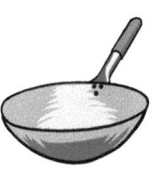

Вок / кадаі
....
wok

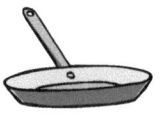

патэльня
....
tava

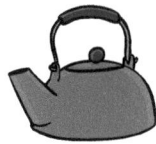

чайнік
....
su ısıtıcı

параварка

buharlı pişirici

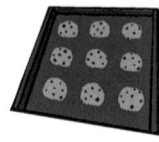

бляха

pişirme tepsisi

посуд

tabak takımı

кубак

kupa

міска

kase

палачкі для ежы

çubuk (çin yemeği)

чарпак

kepçe

лапатачка

spatula

збівалка

çırpma teli

сіта для варэння

süzgeç

сіта

elek

тарка

rende

ступка

havan

грыль

barbekü

вогнішча

açık ateş

дошка

kesme tahtası

качалка

merdane

штопар

tirbüşon

бляшанка

konserve kutusu

адкрывалка

konserve açacağı

прыхваткі

fırın eldiveni

ракавіна

evye

шчотка

fırça

губка

sünger

міксер

blender

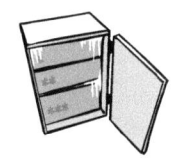

маразільная камера

derin dondurucu

бутэлечка

biberon

вадаправодны кран

musluk

ванная

banyo

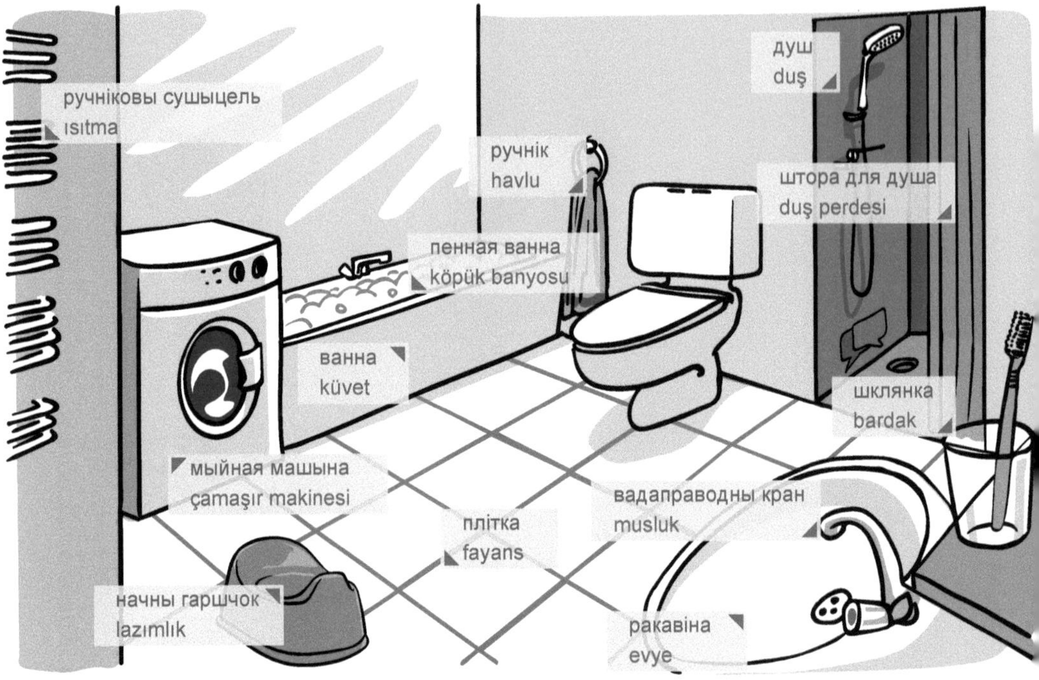

душ
duş
ручніковы сушыцель
ısıtma
ручнік
havlu
штора для душа
duş perdesi
пенная ванна
köpük banyosu
ванна
küvet
шклянка
bardak
мыйная машына
çamaşır makinesi
вадаправодны кран
musluk
плітка
fayans
начны гаршчок
lazımlık
ракавіна
evye

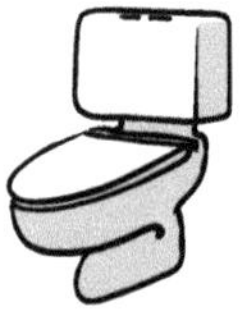

туалет

tuvalet

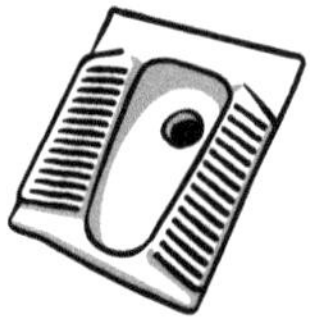

падлогавы ўнітаз

alaturka tuvalet

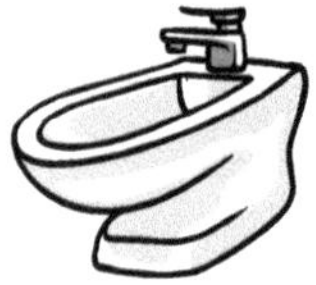

бідэ

bide

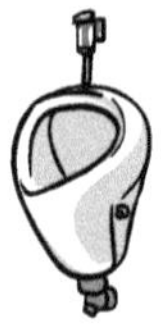

пісуар

pisuvar

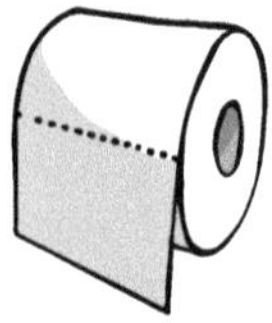

туалетная папера

tuvalet kağıdı

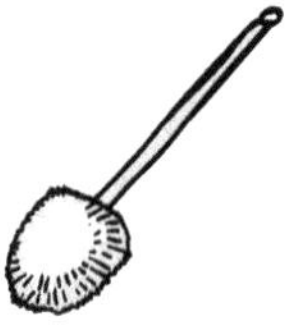

шчотка для чысткі ўнітаза

tuvalet fırçası

зубная шчотка

diş fırçası

зубная паста

diş macunu

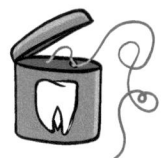

зубная нітка

diş ipi

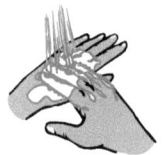

мыць

yıkamak

ручны душ

duş başlığı

інтымны душ

duş başlığı şeklinde taharet musluğu

умывальнік

küvet

шчотка для спіны

banyo fırçası

мыла

sabun

гель для душа

duş jeli

шампунь

şampuan

вяхотка

banyo lifi

вадасцёк

gider

крэм

krem

дэзадарант

deodorant

люстэрка

ayna

касметычнае люстэрка

el aynası

станок для галення

jilet

пена для галення

tıraş köpüğü

ласьён пасля галення

tıraş losyonu

грэбень

tarak

шчотка

fırça

фен

saç kurutma makinesi

лак для валасоў

saç spreyi

касметыка

makyaj

памада

ruj

лак для пазногцяў

tırnak cilası

вата

pamuk

манікюрныя нажніцы

tırnak makası

духі

parfüm

касметычка

makyaj çantası

табурэтка

tabure

вагі

tartı

лазневы халат

bornoz

санітарныя пальчаткі

lastik eldiven

тампон

tampon

гігіенічныя пракладкі

kadın pedi

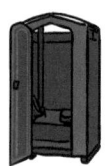

біятуалет

kimyevi tuvalet

дзіцячы пакой

çocuk odası

будзільнік
çalar saat
мяккая цацка
peluş oyuncak
цацачная машынка
oyuncak araba
бразготка
çıngırak
лялечны домік
bebek evi
падарунак
hediye

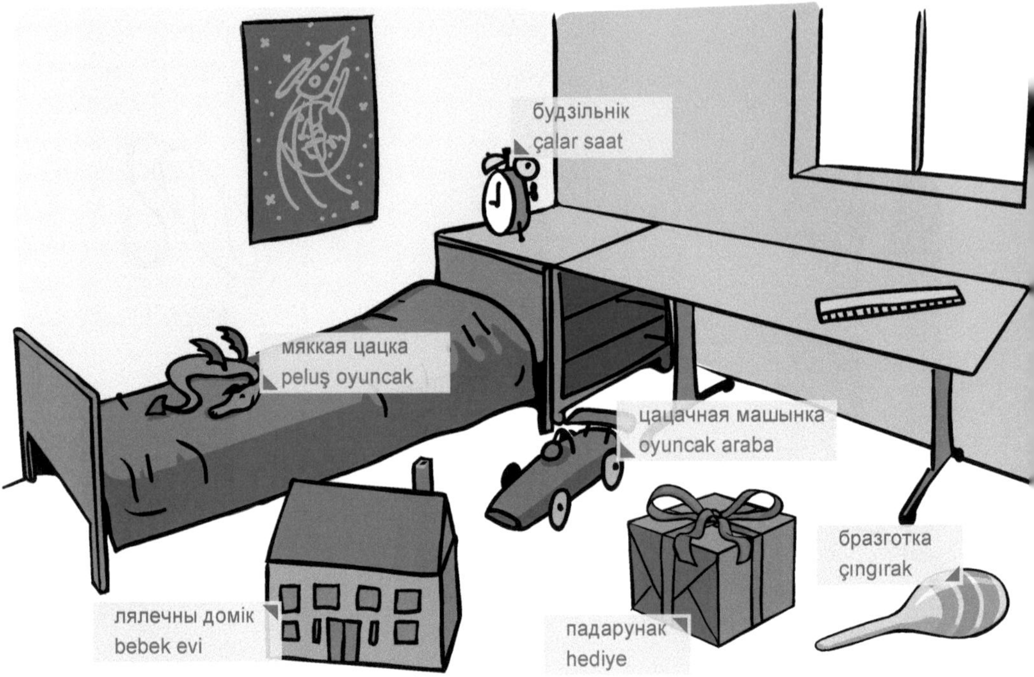

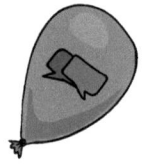

надзіманы шарык

balon

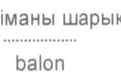

ложак

yatak

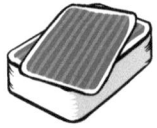

дзіцячая каляска

bebek arabası

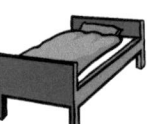

калода картаў

kart destesi

пазл

yapboz

SUPER MEGA

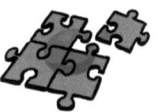

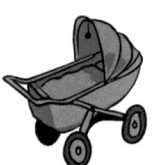

комікс

çizgi roman

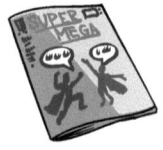

канструктар "Лега"

lego tuğlaları

канструктар

lego blokları

экшэн-фігурка

aksiyon figürü

дзіцячы гарнітур

zıbın

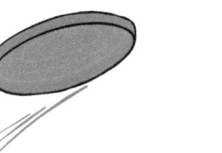

фрызбі

frizbi

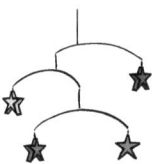

дзіцячы мабіль

dönence

настольная гульня

masa oyunu

кубік

zar

дзіцячая чыгунка

model tren seti

пустышка

emzik

дзіцячае свята

parti

кніга з малюнкамі

resimli kitap

мячык

top

лялька

oyuncak bebek

гуляцца

oynamak

пясочніца

kum havuzu

арэлі

salıncak

цацкі

oyuncaklar

гульнявая відэа прыстаўка

video oyun konsolu

трохколавы ровар

üç tekerlekli bisiklet

плюшавы мішка

oyuncak ayı

шафа

gardırop

адзенне

kıyafet

шкарпэткі

çorap

панчохі

külotlu çorap

калготкі

tayt

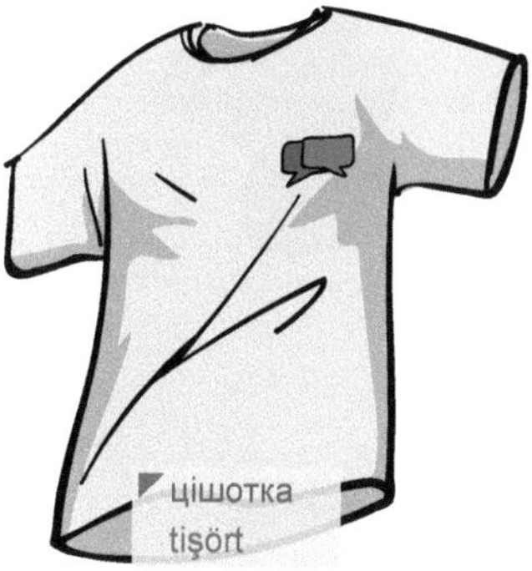

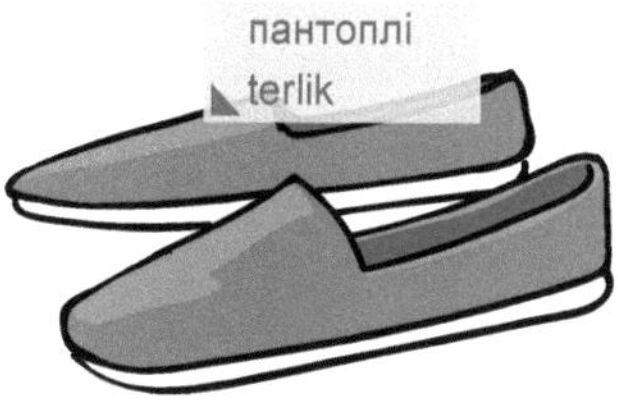

шалік
eşarp

рамень
kemer

парасон
şemsiye

цішотка
tişört

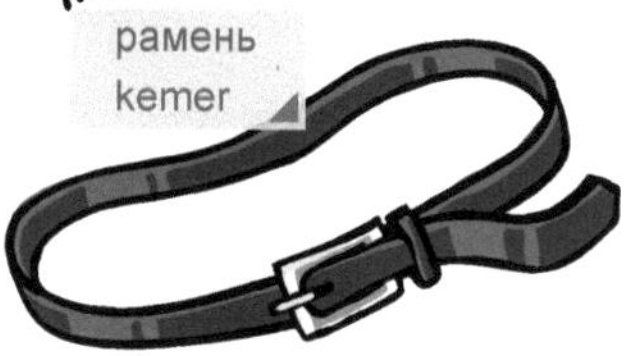

боты
bot

пантоплі
terlik

красоўкі
spor ayakkabı

сандалі
sandalet

абутак
ayakkabı

гумовыя боты
lastik çizme

трусы
külot

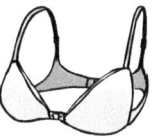

бюстгальтар
sütyen

майка
yelek

бодзі

dar bluz

штаны

pantolon

джынсы

kot pantolon

спадніца

etek

блузка

bluz

кашуля

gömlek

джэмпер

kazak

талстоўка

süveter

блэйзер

blazer

куртка

ceket

паліто

mont

дажджавік

yağmurluk

касцюм

kostüm

сукенка

elbise

вясельная сукенка

gelinlik

касцюм
takım elbise

начная сарочка
gecelik

піжама
pijama

сары
sari

хустка
baş örtüsü

цюрбан
türban

паранджа
burka

каптан
kaftan

Абая
çarşaf

купальнік
mayo

плаўкі
erkek mayosu

шорты
şort

спартыўны касцюм
eşofman

фартух
önlük

пальчаткі
eldiven

гузік
düğme

акуляры
gözlük

бранзалет
bilezik

каралі
kolye

кальцо
yüzük

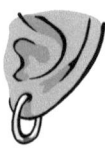

завушніца
küpe

кепка
kep

вешалка
portmanto

капялюш
şapka

гальштук
kravat

маланка
fermuar

шлем
kask

падцяжкі
pantolon askısı

школьная форма
okul forması

уніформа
üniforma

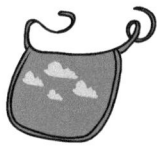

нагруднік

mama önlüğü

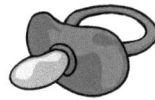

пустышка

emzik

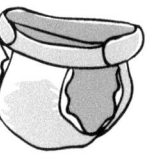

падгузнік

bebek bezi

офіс
ofis

сервер
sunucu
канцылярская шафа
dosya dolabı
прынтэр
yazıcı
папера
kağıt
манітор
monitör
пісьмовы стол
masa
мыш
fare
тэчка
klasör
клавіятура
klavye
смеццевы кошык
kağıt çöp kutusu
кампутар
bilgisayar
крэсла
sandalye

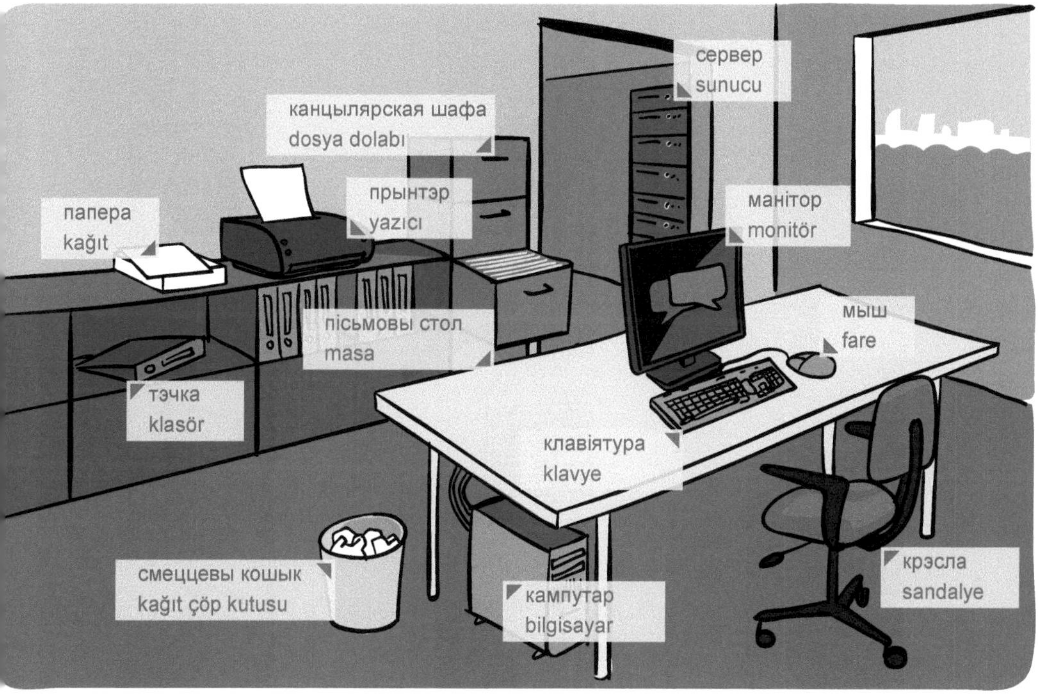

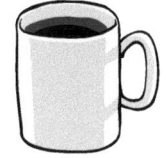

кубак для кавы (філіжанка)

kahve fincanı

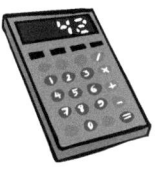

калькулятар

hesap makinesi

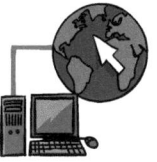

інтэрнэт

internet

ноўтбук

dizüstü

ліст

mektup

паведамленне

mesaj

мабільны тэлефон

cep telefonu

сетка

ağ

ксеракс

fotokopi makinesi

праграмнае забеспячэнне

yazılım

тэлефон

telefon

разетка

priz

факс

faks makinesi

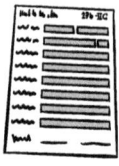

фармуляр

form

дакумент

belge

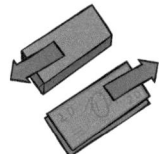

купляць

satın almak

плаціць

ödemek

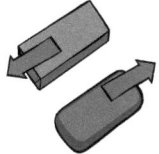

гандляваць

ticaret yapmak

грошы

para

долар

dolar

еўра

avro

ена

yen

рубель

ruble

франк

İsviçre frangı

кітайскі юань

Çin yuanı

рупія

rupi

банкамат

kasa

абменны пункт

döviz bürosu

золата

altın

срэбра

gümüş

нафта

petrol

энергія

enerji

цана

fiyat

кантракт

kontrat

падатак

vergi

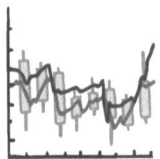

акцыя

menkul değer

працаваць

çalışmak

служачы

işveren

працадаўца

işçi

фабрыка

fabrika

крама

mağaza

прафесіі
meslekler

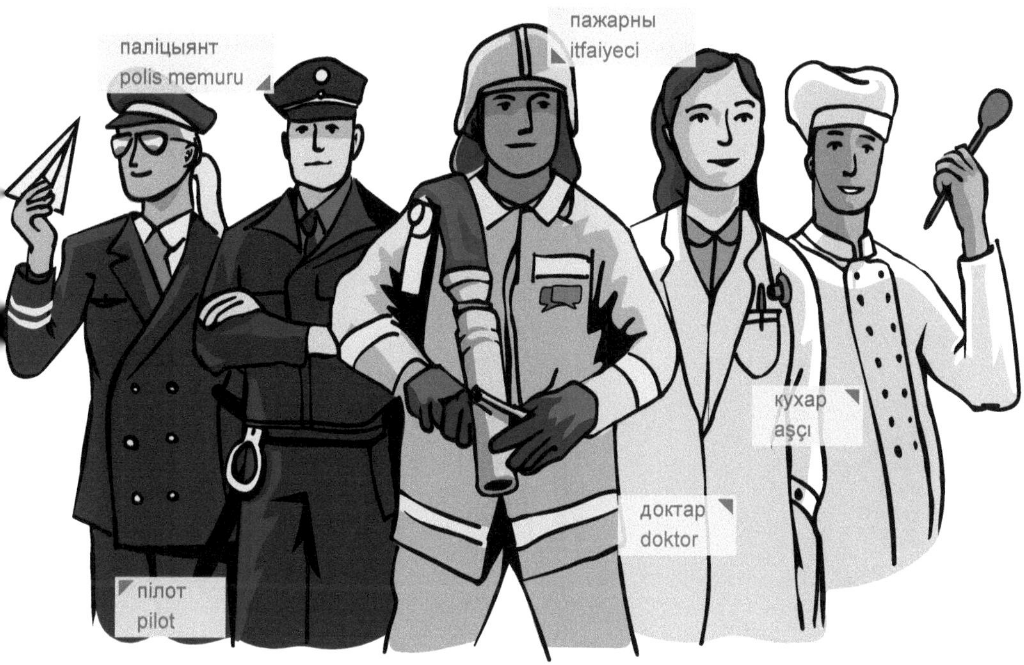

паліцыянт
polis memuru
пажарны
itfaiyeci
кухар
aşçı
доктар
doktor
пілот
pilot

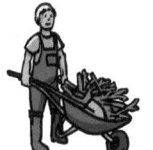

садоўнік
bahçıvan

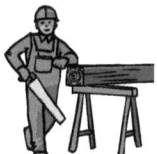

слесар
marangoz

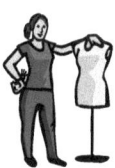

швачка
terzi

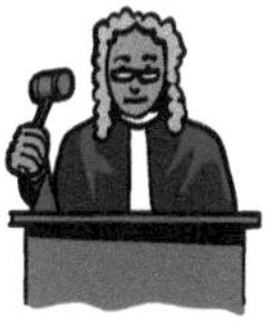

суддзя
hakim

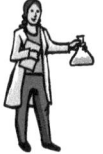

хімік
kimyager

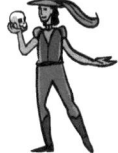

артыст
aktör

кіроўца аўтобуса

otobüs şoförü

таксіст

taksi şoförü

рыбак

balıkçı

прыбіральшчыца

temizlikçi

страхар

çatı ustası

афіцыянт

garson

паляўнічы

avcı

мастак

boyacı

пекар

fırıncı

электрык

elektrikçi

будаўнік

inşaatçı

інжынер

mühendis

мяснік

kasap

сантэхнік

muslukçu

паштальён

postacı

салдат
asker

архітэктар
mimar

касір
kasiyer

фларыст
çiçekçi

цырульнік
kuaför

кандуктар
kondüktör

механік
tamirci

капітан
kaptan

стаматолаг
dişçi

вучоны
bilim insanı

рабін
haham

імам
imam

манах
keşiş

святар
rahip

інструменты

aletler

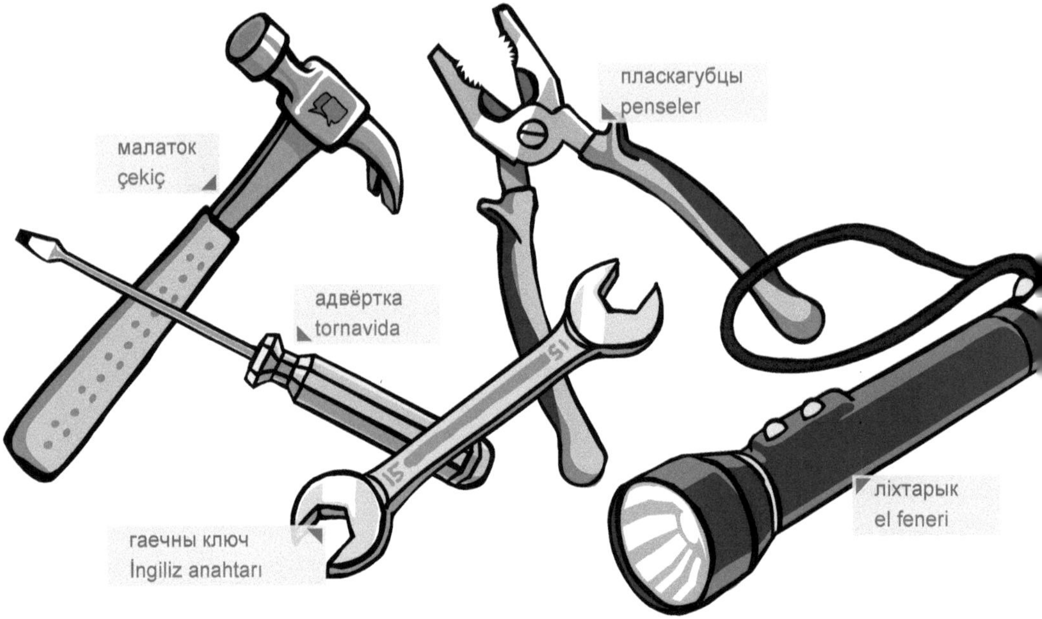

малаток
çekiç
пласкагубцы
penseler
адвёртка
tornavida
гаечны ключ
İngiliz anahtarı
ліхтарык
el feneri

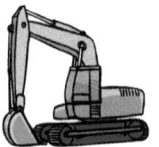

экскаватар

kazı makinesi

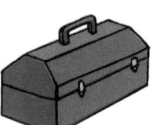

скрыня для інструментаў

alet çantası

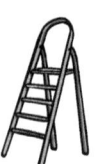

дравіны

merdiven

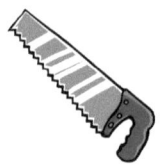

піла

testere

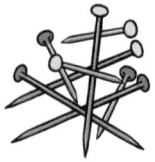

цвікі

çiviler

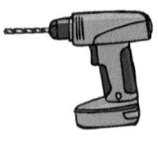

дрыль

matkap

рамантаваць

tamir etmek

рыдлеўка

kürek

Халера!

Kahretsin!

шуфлік для смецця

faraş

вядро з фарбаю

boya tenekesi

балты

vidalar

музычныя інструменты
müzik enstrümanı

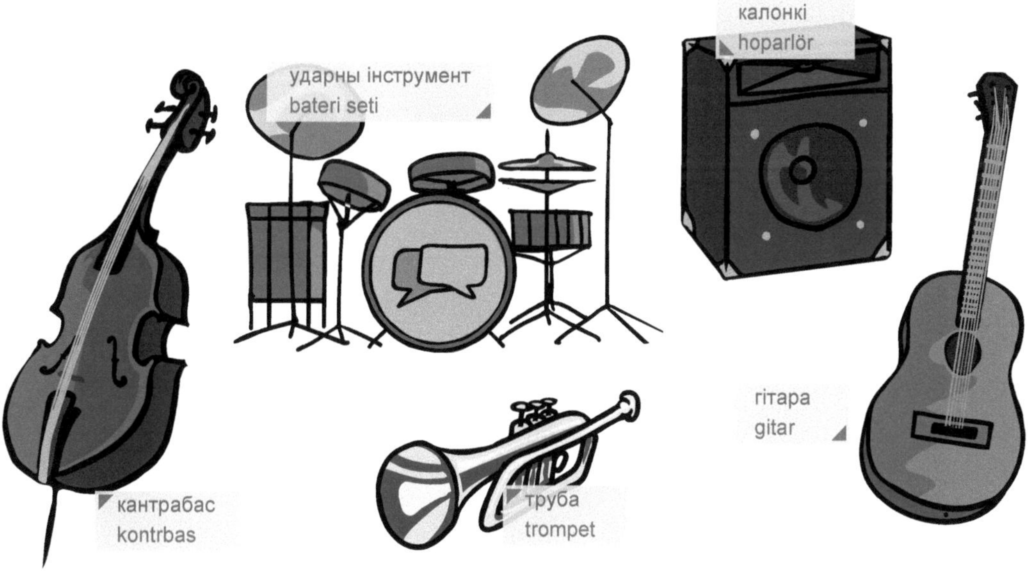

ударны інструмент
bateri seti

калонкі
hoparlör

гітара
gitar

кантрабас
kontrbas

труба
trompet

піяніна

piyano

скрыпка

keman

басгітара

basgitar

літаўры

timpani

барабан

bateri

клавішны электрамузычны
інструмент

klavye

саксафон

saksafon

флейта

flüt

мікрафон

mikrofon

заапарк
hayvanat bahçesi

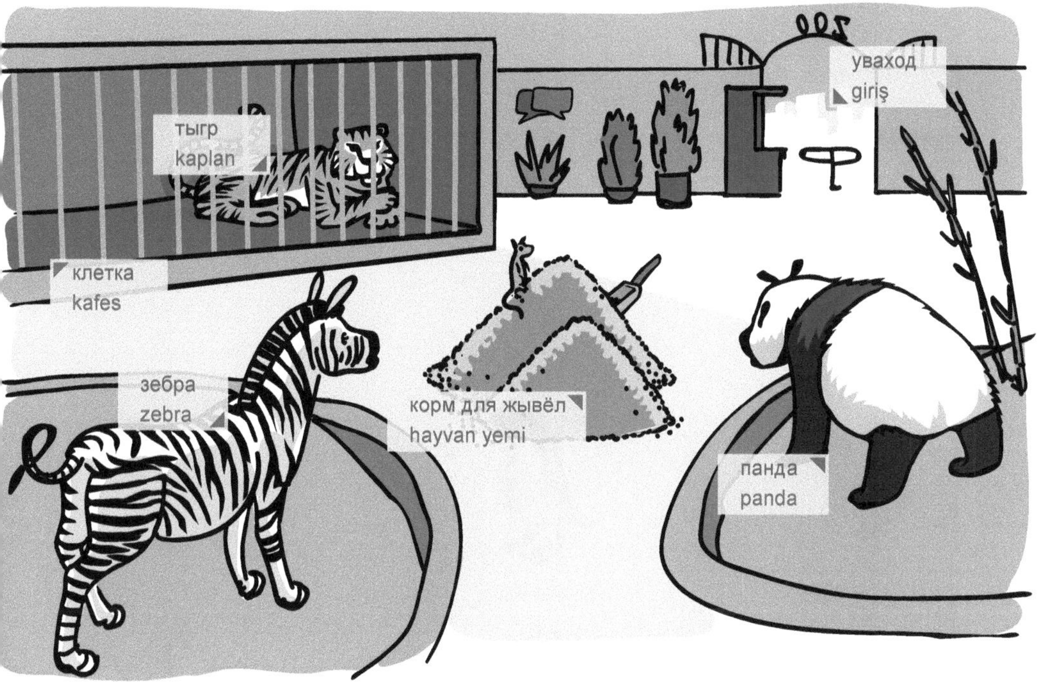

тыгр
kaplan
уваход
giriş
клетка
kafes
зебра
zebra
корм для жывёл
hayvan yemi
панда
panda

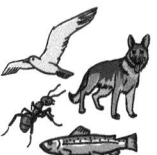

жывёлы

hayvanlar

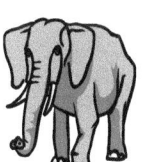

слон

fil

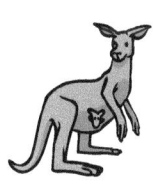

кенгуру

kanguru

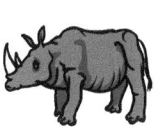

насарог

gergedan

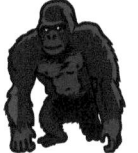

гарыла

goril

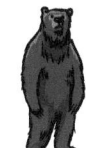

мядзведзь

ayı

вярблюд

deve

стравус

deve kuşu

леў

aslan

малпа

maymun

фламінга

flamingo

папугай

papağan

белы мядзведзь

kutup ayısı

пінгвін

penguen

акула

köpek balığı

паўлін

tavus kuşu

змяя

yılan

кракадзіл

timsah

наглядчык заапарка

hayvanat bahçesi görevlisi

цюлень

fok

ягуар

jaguar

поні

midilli atı

леапард

leopar

бегемот

su aygırı

жыраф

zürafa

арол

kartal

дзік

yaban domuzu

рыбак

balık

чарапаха

kaplumbağa

морж

mors

ліса

tilki

газель

ceylan

амерыканскі футбол
amerikan futbolu

веласпорт
bisiklete binme

тэніс
tenis

баскетбол
basketbol

плаванне
yüzme

бокс
boks

хакей з шайбай
buz hokeyi

футбол
futbol

бадмінтон
badminton

лёгкая атлетыка
atletizm

гандбол
hentbol

горныя лыжы
kayak

пола
polo

дзейнасць

etkinlikler

смяяцца
gülmek
скакаць
atlamak
абдымацца
sarılmak
ісці
yürümek
спяваць
söylemek
марыць
hayal etmek
маліцца
dua etmek
цалаваць
öpmek

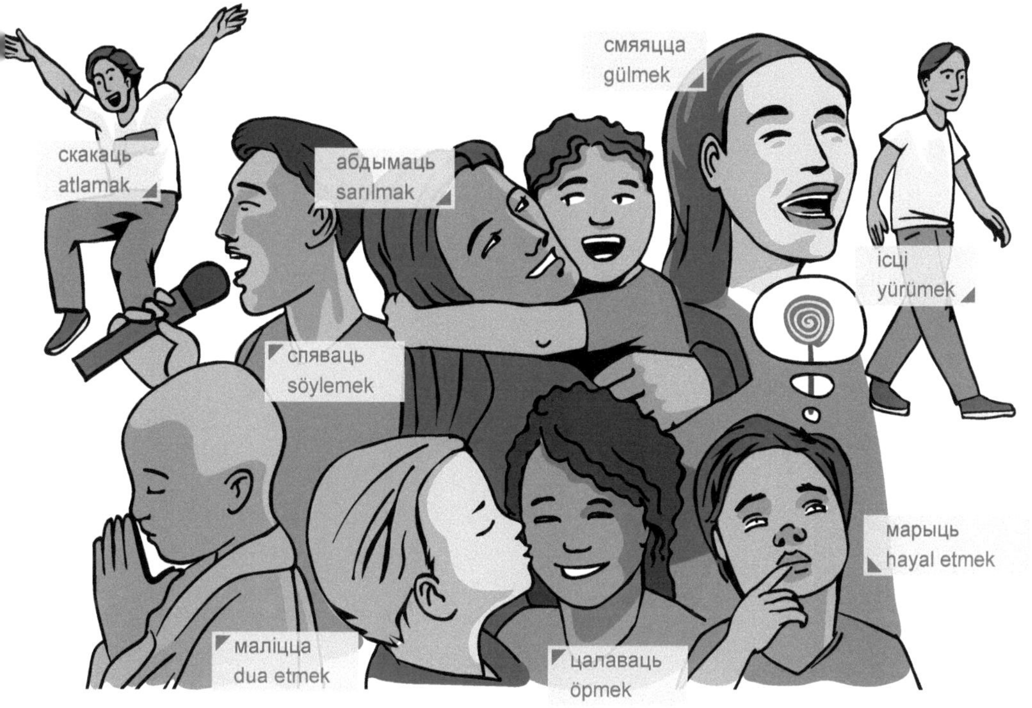

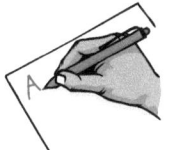

пісаць

yazmak

маляваць

çizmek

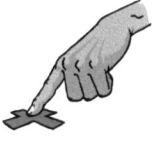

паказваць

göstermek

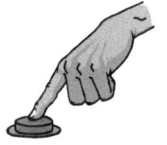

націснуць

itmek

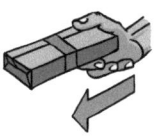

даваць

vermek

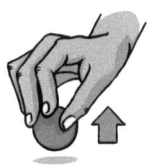

браць

almak

маць

sahip olmak

выконваць

yapmak

быць

olmak

стаяць

ayakta durmak

бегчы

koşmak

цягнуць

çekmek

кідаць

atmak

падаць

düşmek

ляжаць

yalan söylemek

чакаць

beklemek

насіць

taşımak

сядзець

oturmak

апранацца

giyinmek

спаць

uyumak

прачынацца

uyanmak

глядзець

bakmak

плакаць

ağlamak

лашчыць

vurmak

прычэсвацца

taramak

гаварыць

konuşmak

разумець

anlamak

пытаць

sormak

чуць

dinlemek

піць

içmek

есці

yemek

прыбіраць

düzenlemek

кахаць

sevmek

гатаваць

pişirmek

ехаць

sürmek

лятаць

uçmak

плаваць пад ветразем

denize açılmak

лічыць

hesapla

чытаць

okumak

вучыць

öğrenmek

працаваць

çalışmak

уступаць у шлюб

evlenmek

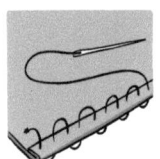

шыць

dikmek

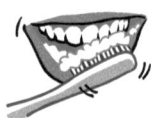

чысціць зубы

diş fırçalamak

забіваць

öldürmek

курыць

sigara içmek

пасылаць

yollamak

бабуля
büyükanne

дзядуля
büyükbaba

бацька
baba

маці
anne

дзіця
bebek

дачка
kız

сын
oğul

госць

misafir

цётка

teyze

дзядзька

amca

брат

erkek kardeş

сястра

kız kardeş

цела
vücut

лоб
alın
вока
göz
плячо
omuz
палец
parmak
твар
yüz
падбародак
çene
рука
el
нага
bacak
грудзі
göğüs
рука
kol

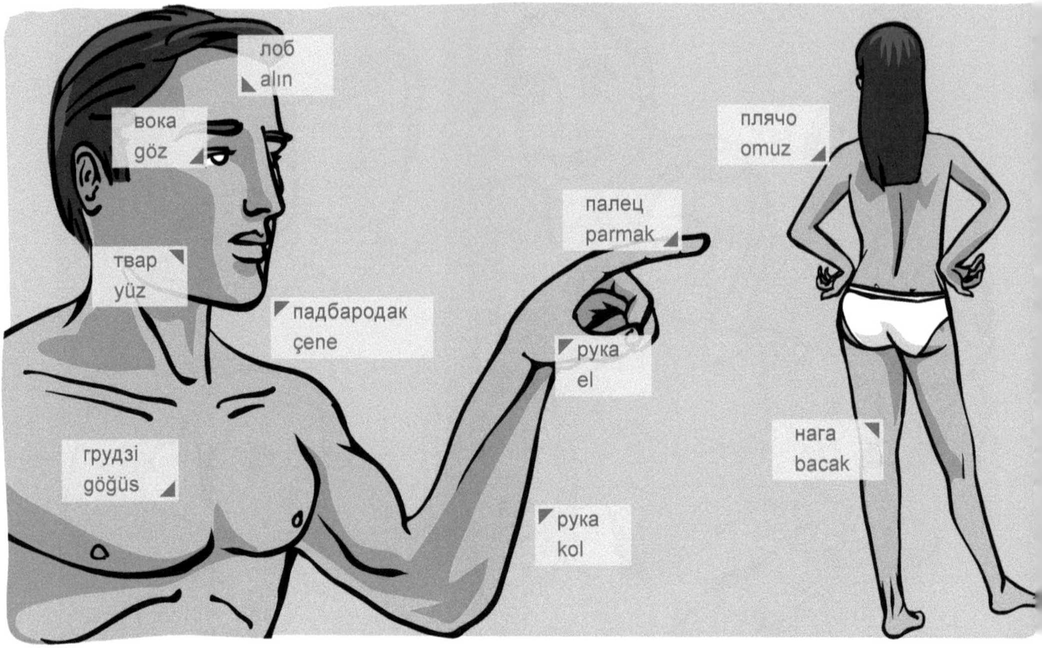

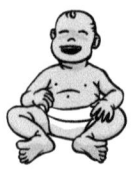

дзіця
bebek

мужчына
adam

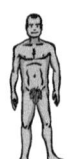

жанчына
kadın

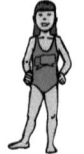

дзяўчынка
kız

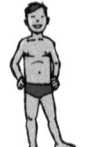

хлопчык
erkek çocuk

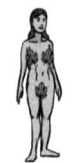

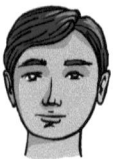

галава
baş

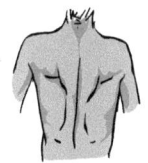

спіна

sırt

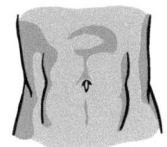

жывот

karın

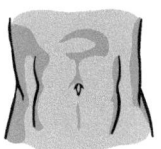

пуп

göbek

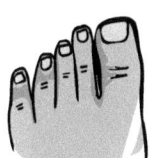

палец нагі

ayak parmağı

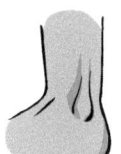

пятка

topuk

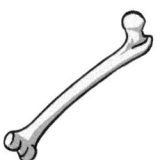

костка

kemik

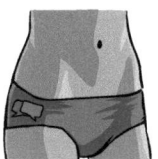

бядро

kalça

калена

diz

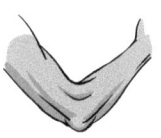

локаць

dirsek

нос

burun

ягадзіца

kalça

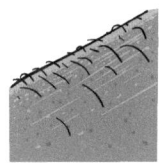

скура

deri

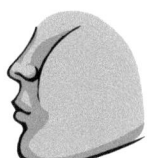

шчака

yanak

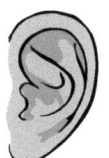

вуха

kulak

губа

dudak

цела - vücut

рот
ağız

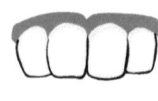

зуб
diş

язык
dil

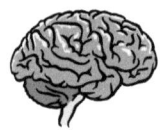

галаўны мозг
beyin

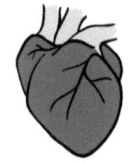

сэрца
kalp

мышца
kas

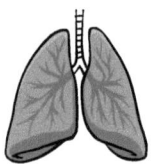

лёгкае
akciğer

пячонка
karaciğer

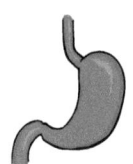

страўнік
mide

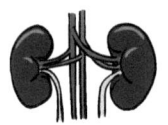

ныркі
böbrekler

сэкс
seks

прэзерватыў
prezervatif

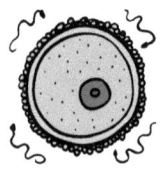

яйцаклетка
yumurtalık

сперма
sperm

цяжарнасць
hamilelik

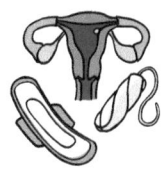

менструацыя

regl

похва

vajina

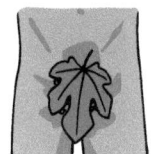

пеніс

penis

брыво

kaş

валасы

saç

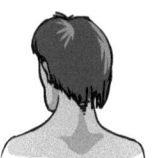

шыя

boyun

шпіталь
hastane

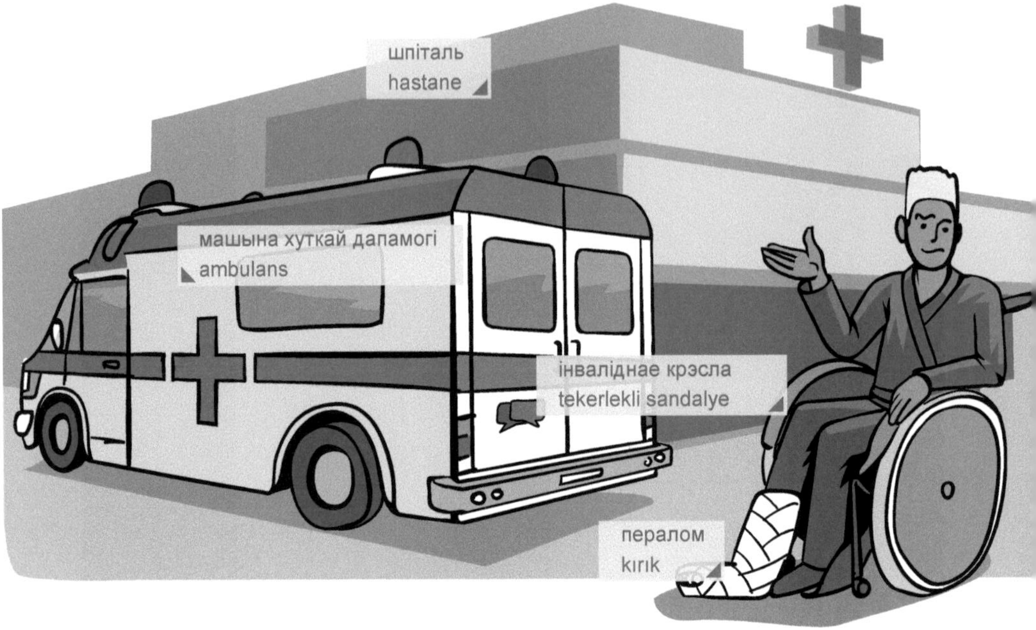

шпіталь
hastane
машына хуткай дапамогі
ambulans
інваліднае крэсла
tekerlekli sandalye
пералом
kırık

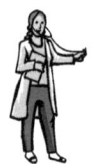

доктар
doktor

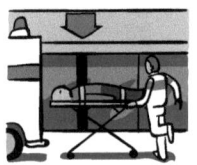

аддзяленне першай дапамогі
acil servis

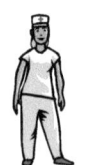

медсястра
hemşire

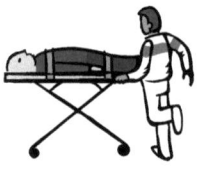

экстраная дапамога
acil

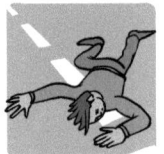

непрытомны
baygın

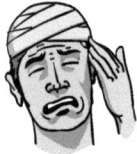

боль
acı

траўма
yaralanma

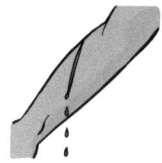

крывацёк
kanama

інфаркт
kalp krizi

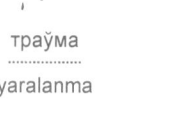

апаплексія
felç

алергія
alerji

кашаль
öksürük

гарачка
ateş

грып
grip

панос
ishal

галаўны боль
baş ağrısı

рак
kanser

дыябет
şeker hastalığı

хірург
cerrah

скальпель
neşter

аперацыя
operasyon

КТ

bilgisayarlı tomografi

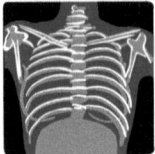

рэнтген

röntgen

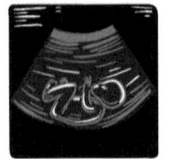

ультрагук

ultrason

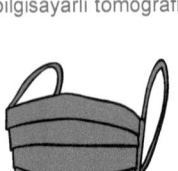

маска

yüz maskesi

хвароба

hastalık

пачакальня

bekleme odası

мыліца

koltuk değneği

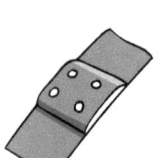

пластыр

yara bandı

бінт

bandaj

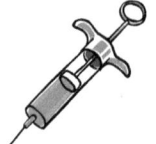

ін'екцыя

enjeksiyon

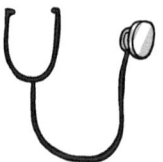

стэтаскоп

steteskop

насілкі

sedye

градуснік

tıbbi termometre

нараджэнне

doğum

лішняя вага

fazla kilo

слухавы апарат

işitme cihazı

дэзінфекцыйны сродак

dezenfektan

інфекцыя

enfeksiyon

вірус

virüs

ВІЧ/СНІД

HIV / AIDS

лекі

ilaç

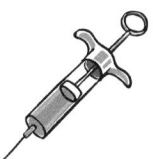

прышчэпка

aşı

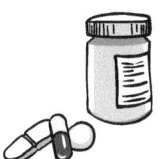

таблеткі

tablet

супрацьзачаткавая таблетка

hap

экстраны выклік

acil çağrı

танометр

tansiyon aleti

хворы / здаровы

hasta / sağlıklı

Ратуйце!

İmdat!

сігналізацыя

alarm

напад

darp

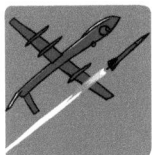

атака

saldırı

небяспека

tehlike

аварыйны выхад

acil çıkış

Пажар!

Yangın!

вогнетушыцель

yangın tüpü

аварыя

kaza

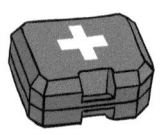

аптэчка

ilk yardım çantası

СОС

imdat

паліцыя

polis

Еўропа

Avrupa

Паўночная Амерыка

Kuzey Amerika

Паўднёвая Амерыка

Güney amerika

Афрыка

Afrika

Азія

Asya

Аўстралія

Avustralya

Атлантычны акіян

Atlantik

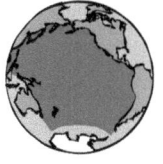

Ціхі акіян

Pasifik

Індыйскі акіян

Hint Okyanusu

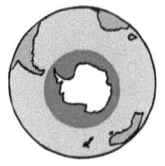

Паўднёвы ледавіты акіян

Antarktika Okyanusu

Паўночны ледавіты акіян

Arktik Okyanusu

Паўночны полюс

Kuzey Kutbu

Паўднёвы полюс

Güney Kutbu

Антарктыда

Antarktika

Зямля

dünya

краіна

kara

мора

deniz

востраў

ada

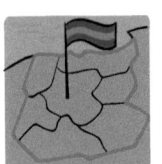

нацыя

ulus

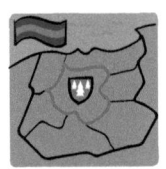

дзяржава

ülke

цыферблат

kadran

гадзінная стрэлка

akrep

хвілінная стрэлка

yelkovan

секундная стрэлка

saniye ibresi

Колькі часу?

Saat kaç?

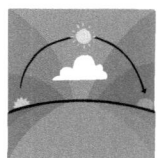

дзень

gün

час

zaman

зараз

şimdi

электронны гадзіннік

dijital saat

хвіліна

dakika

гадзіна

saat

тыдзень
hafta

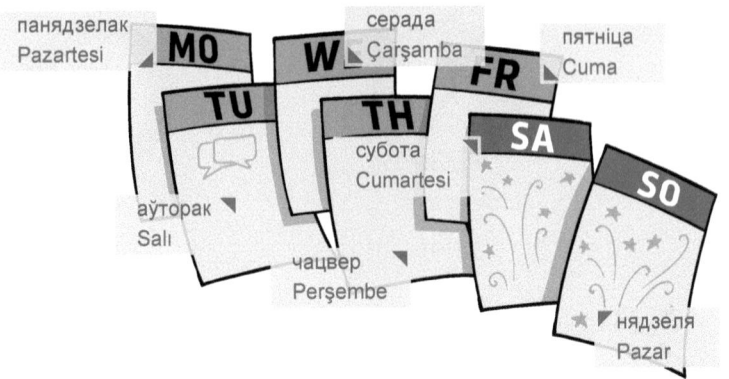

панядзелак
Pazartesi

серада
Çarşamba

пятніца
Cuma

аўторак
Salı

субота
Cumartesi

чацвер
Perşembe

нядзеля
Pazar

ўчора

dün

сёння

bugün

заўтра

yarın

раніца

sabah

абед

öğle

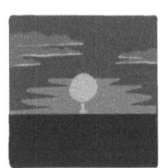

вечар

akşam

MO	TU	WE	TH	FR	SA	SU
1	2	3	4	5	6	7
8	9	10	11	12	13	14
15	16	17	18	19	20	21
22	23	24	25	26	27	28
29	30	31	1	2	3	4

працоўныя дні

iş günleri

MO	TU	WE	TH	FR	SA	SU
1	2	3	4	5	6	7
8	9	10	11	12	13	14
15	16	17	18	19	20	21
22	23	24	25	26	27	28
29	30	31	1	2	3	4

выхадныя

hafta sonu

год
yıl

дождж
yağmur
вясёлка
gökkuşağı
вецер
rüzgar
снег
kara
вясна
bahar
восень
sonbahar
лета
yaz
зіма
kış

4.APRIL 11°
5.APRIL 4°
6.APRIL 13°
7.APRIL 8°
8.APRIL 10°

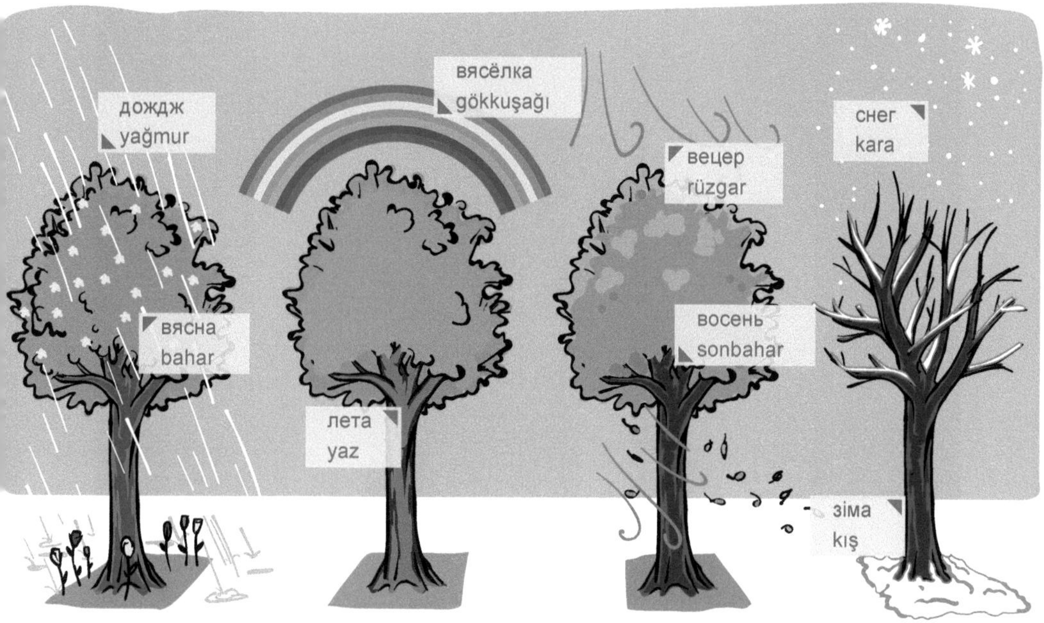

прагноз надвор'я

hava durumu tahmini

F C
120 40
90 30
60 20
30 10
0 0
-30 -10
-20

градуснік

termometre

сонечнае святло

güneş ışığı

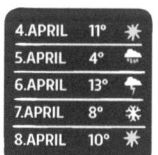

воблака

bulut

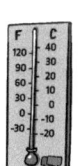

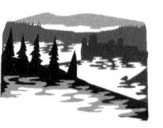

туман

sis

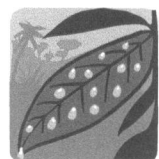

вільготнасць паветра

nem

маланка

şimşek

гром

gök gürültüsü

бура

fırtına

град

dolu

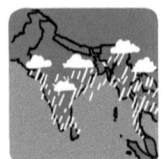

мусонны вецер

muson

прыліў

sel

лёд

buz

студзень

Ocak

люты

Şubat

сакавік

Mart

красавік

Nisan

май

Mayıs

чэрвень

Haziran

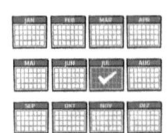

ліпень

Temmuz

жнівень

Ağustos

год - yıl

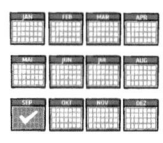

верасень
Eylül

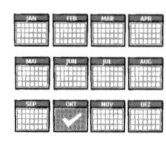

кастрычнік
Ekim

лістапад
Kasım

снежань
Aralık

формы
şekiller

круг
daire

квадрат
kare

прамавугольнік
dikdörtgen

трохвугольнік
üçgen

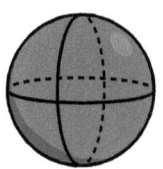

шар
küre

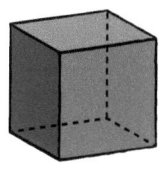

куб
küp

белы

beyaz

жоўты

sarı

аранжавы

turuncu

ружовы

pembe

чырвоны

kırmızı

фіялетавы

mor

сіні

mavi

зялёны

yeşil

карычневы

kahverengi

шэры

gri

чорны

siyah

шмат / мала

çok / az

злы / добры

kızgın / sakin

прыгожы / брыдкі

güzel / çirkin

пачатак / канец

başlangıç / son

высокі / малы

büyük / küçük

светлы / цёмны

parlak / karanlık

сястра / брат

erkek kardeş / kız kardeş

чысты / брудны

temiz / kirli

поўны / няпоўны

tamam / eksik

дзень / ноч

gün / gece

мёртвы / жывы

ölü / canlı

шырокі / вузкі

geniş / dar

ядомы / неядомы

yenilebilir / yenilemez

злы / добры

kötü / iyi

узбуджаны / нудны

heyecanlı / sıkılmış

тоўсты / тонкі

şişman / zayıf

першы / апошні

ilk / son

сябар / вораг

dost / düşman

поўны / пусты

dolu / boş

цвёрды / мяккі

sert / yumuşak

важкі / лёгкі

ağır / hafif

голад / смага

açlık / susuzluk

хворы / здаровы

hasta / sağlıklı

нелегальны / легальны

yasa dışı / yasal

разумны / дурны

zeki / aptal

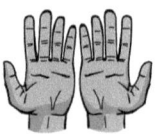

левы / правы

sol / sağ

побач / далёка

yakın / uzak

новы / былы ва ўжыванні

yeni / kullanılmış

нічога / нешта

hiçbir şey / bir şey

стары / малады

yaşlı / genç

укл / выкл

açma / kapama

адчынены / зачынены

açık / kapalı

ціхі / гучны

sessiz / gürültülü

багаты / бедны

zengin / fakir

правільна / няправільна

doğru / yanlış

шурпаты / гладкі

pürüzlü / düz

сумны / шчаслівы

üzgün / mutlu

кароткі / доўгі

kısa / uzun

павольны / хуткі

yavaş / hızlı

вільготны / сухі

ıslak / kuru

цёплы / халаднаваты

sıcak / serin

вайна / мір

savaş / barış

0	**1**	**2**
нуль	адзін	два
sıfır	bir	iki

3	**4**	**5**
тры	чатыры	пяць
üç	dört	beş

6	**7**	**8**
шэсць	сем	восем
altı	yedi	sekiz

9	**10**	**11**
дзевяць	дзесяць	адзінаццаць
dokuz	on	on bir

12

дванаццаць

on iki

13

трынаццаць

on üç

14

чатырнаццаць

on dört

15

пятнаццаць

on beş

16

шаснаццаць

on altı

17

сямнаццаць

on yedi

18

васямнаццаць

on sekiz

19

дзевятнаццаць

on dokuz

20

дваццаць

yirmi

100

сто

yüz

1.000

тысяча

bin

1.000.000

мільён

milyon

англійская

İngilizce

англійская (Амерыка)

Amerikan İngilizcesi

кітайская мандарынская

Çince (Mandarin)

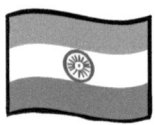

хіндзі

Hintçe

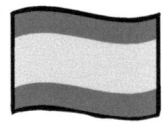

іспанская

İspanyolca

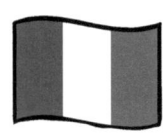

французская

Fransızca

арабская

Arapça

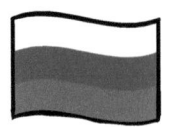

руская

Rusça

партугальская

Portekizce

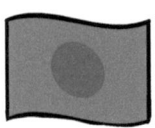

бенгальская

Bengalce

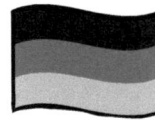

нямецкая

Almanca

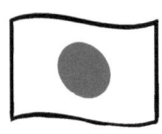

японская

Japonca

я

ben

ты

sen

ён / яна / яно

o

мы

biz

вы

siz

яны

onlar

хто?

kim?

што?

ne?

як?

nasıl?

дзе?

nerede?

калі?

ne zaman?

імя

isim

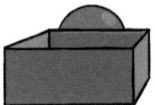

за
arkasında

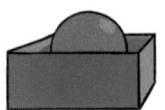

у
içinde

перад
önünde

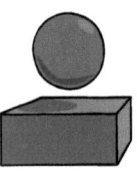

над
üzerinde

на
üstünde

пад
altında

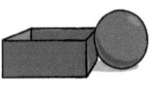

каля
yanında

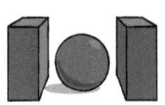

паміж
arasında

месца
yer